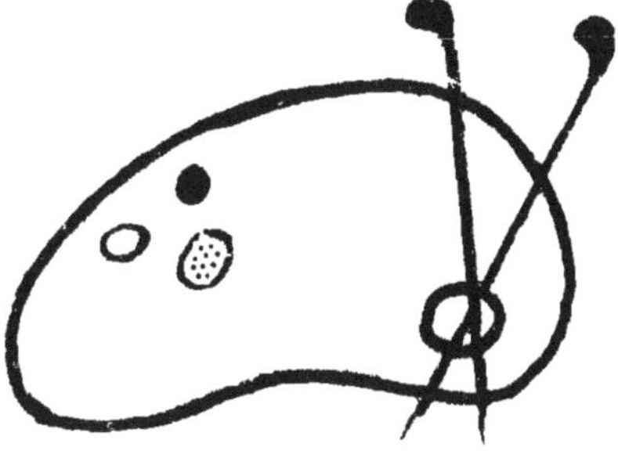

Début d'une série de documents en couleur

Couverture inférieure manquante

LE FOLKLORE DU DANEMARK

I

PROVERBES DANOIS

PAR

Le Vicomte de Colleville et Fritz de Zepelin

(Extrait de « **La Tradition** », Tome VI ; Année 1892)

PARIS
AUX BUREAUX DE LA TRADITION
128, Boulevard Montparnasse.

1892

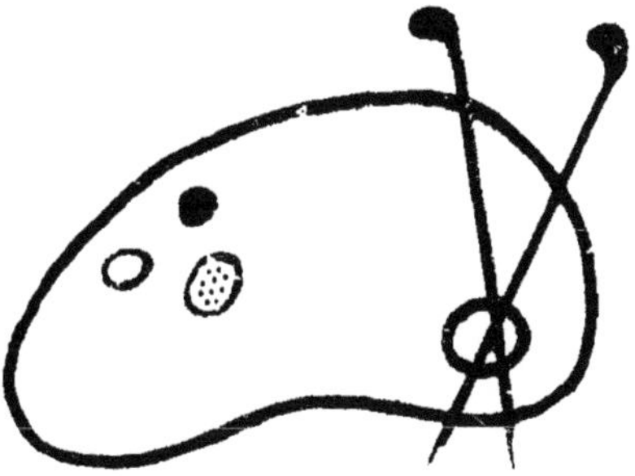

Fin d'une série de documents
en couleur

LE FOLKLORE DU DANEMARK

I

PROVERBES DANOIS

A M. XAVIER MARMIER

DE L'ACADÉMIE FRANÇAISE

LE FOLKLORE DU DANEMARK

I

PROVERBES DANOIS

PAR

Le Vicomte de Colleville et Fritz de Zepelin

(Extrait de « **La Tradition** », Tome VI; Année 1892)

PARIS

AUX BUREAUX DE LA TRADITION

128, Boulevard Montparnasse.

—

1892

AVANT-PROPOS

Ces proverbes ont été traduits d'après M. H. V. Rasmussen ou francisés, plutôt que recueillis par nous. Comme cet opuscule n'est que le commencement d'une œuvre sur le folklore danois, nous trouvons oiseux dès maintenant d'indiquer toutes les sources où nous avons puisé, ainsi que notre but et notre plan d'étude. L'œuvre finie, nous nous réservons le droit dans une préface générale, de rendre compte de tout cela qui serait mal placé ici.

Notre travail sera divisé en plusieurs parties, dont une sur les chansons, une autre sur les légendes et une troisième sur les proverbes dont voici un premier échantillon.

Nous avons l'espoir de trouver, même hors du monde du folklore, quelques lecteurs désireux de connaître le caractère national d'un petit et vaillant peuple, pour lequel l'amitié de la France, depuis si longtemps connue, est une cause de fierté et d'espérance.

Vte de C. et F. de Z.

Nice, avril 1892.

PROVERBES DANOIS

1. — C'est de l'or qu'un foyer à soi.

2. — Si petit que soit l'oiseau, il lui faut un nid.

3. — C'est un méchant oiseau que celui qui salit son nid.

4. — Un homme est maitre chez lui, ne fût-il pas plus grand qu'une souris.

5. — L'homme qui fait à sa volonté est en paradis.

6. — Celui-là est un homme qui agit en homme.

7. — Un Danois ne se croit pas diminué parce qu'un chien a aboyé après lui.

8. — Il a fait entrer en sa ferme une riche moisson, celui qui a épousé une bonne femme.

9. — Il est bien garni le siège qu'occupe une Danoise.

10. — Le plus beau manteau de la Danoise, c'est la vertu

11. — C'est sur le nid qu'on reconnaît l'oiseau.

12. — La Danoise use plus son siège que son manteau.

13. — Le jour est à Dieu et le midi (dîner) appartient à la femme.

14. — Si loin que voyage le mari, la femme peut lui faciliter le chemin.

15. — Ce que péniblement acquiert la femme, l'homme facilement le trouve.

16. — Beaucoup de ceux qui se marient pour une dot, le regrettent avant qu'une année soit écoulée.

17. — Chagrin de veuf, comme coup de coude, s'oublient vite.

18. — Les larmes d'une veuve riche *s'essuient* vite.

19. — Les femmes ont de longues jupes et de courtes idées.

20. — La ruse d l'homme est grande, mais celle de la femme est plus profonde.

21. — Avant de s'être emparé de la souris, le chat ne se réjouit point, ni la femme avant d'être la maitresse du foyer.

22. — Oignon, fumée et femme font pleurer.

23. — La plus grande peine qu'on puisse faire à une méchante femme, c'est de se taire.

24. — Truie inféconde ne fût jamais bonne pour des porcelets.

25. — De meilleur qu'un père et qu'une mère, il n'y a que Dieu.

26. — Peu d'hommes valent un père, mais personne ne vaut une mère.

27. — Un père nourrira bien dix enfants, mais dix enfants ne nourriront point un père.

28. — Si je connaissais un mot plus tendre que le mot « tendre » pour exprimer la douceur des genoux d'une mère, je l'emploierais.

29. — En prenant l'enfant par la main, on prend la mère par le cœur.

30. — Pour le corbeau ce sont toujours ses petits qui sont les plus blancs.

31. — Si tu le veux, marie ton fils, et ta fille si tu le peux.

32. — L'enfant aimé compte beaucoup de noms.

33. — Dans une maison il est préférable d'être enfant unique que cheval seul.

34. — Les petites marmites ont aussi des oreilles.

35. — L'enfant qui pleure fait chanter la nourrice.

36. — Les enfants petits marchent sur la robe de leur mère, grands ils marchent sur son cœur.

37. — Petits enfants, petites peines, grands enfants, grands chagrins.

38. — Lorsqu'on obéit à son caprice, l'enfant ne pleure plus.

39. — A Noël il est bon d'être enfant.

40. — La discipline est bonne dès le jeune âge.

41. — Sans règle, le globe sera bientôt hors de son orbite.

42. — Celui qui vit sans frein meurt sans honneur.

43. — Si l'on satisfait le porcelet qui grogne et l'entant qui pleure, on aura vilain enfant et bon porcelet.

44. — Les souris jouent sur la table quant le chat est loin.

45. — Punis ton enfant de bonne heure ou il te punira.

46. — Mieux vaut pleurer jeune que vieux.

47. — Mieux vaut endiguer un ruisseau qu'une rivière.

48. — A tête croûteuse forte lessive.

49. — Il faut éduquer les jeunes gens et honorer les vieillards.

50. — Jusqu'à ce que l'on sache marcher il faut ramper.

51. — Apprends à ton fils à travailler, ou tu lui enseigneras à voler.

52. — Ce qu'on a appris dans sa jeunesse, on ne l'oublie pas dans sa vieillesse.

53. — Toute la vie on apprend.

54. — Etudier et ne rien comprendre, c'est chasser sans atteindre de gibier.

55. — Jeunesse et sagesse ne vont pas souvent de compagnie.

56. — Prodigue au conseil, paresseux à l'action.

57. — Comme les vieux chantent, les jeunes gazouillent.

58. — L'âge blanchit beaucoup d'hommes mais n'en adoucit aucun.

59. — La vieillesse est un triste compagnon de route.

60. — Parler peu et avec *douceur* sied à une vierge.

61. — Dans l'oisiveté, l'imagination de la jeune fille travaille.

62. — Un cheveu de femme est plus fort pour vous entraîner que dix bœufs.

63. — C'est la main à la pâte qu'on juge une femme, et non à la danse.

64. — Non ne veut pas toujours dire non dans la bouche d'une femme.

65. — La beauté porte sa dot sur son visage.

66. — La beauté sans l'honnêteté, c'est la rose sans parfum.

67. — L'habit fait l'homme.

68. — Coquet dans son vêtement, facile dans ses mœurs.

69. — Il faut avoir bien mauvaise mine pour effrayer le Diable.

70. — Il trouvera toujours femme l'homme qui est un peu moins laid que le Diable, et

La fille qui est seulement un peu plus intelligente qu'une oie trouvera toujours un mari.

71. — Deux êtres qui s'aiment se rencontrent toujours.

72. — Vieil amour ne se rouille jamais.

73. — Aime-moi peu, mais aime-moi longtemps.

74. — L'amour est aveugle et croit que personne ne le voit.

75. — L'amour est fatal, il tombe aussi bien sur l'oignon que sur le lys.

76. — Hors de la vue, hors de la pensée.

77. — La porte une fois fermée et la lumière éteinte, celui qui reste dehors est oublié.

78. — Si clair que soit le sang, il ne sera jamais aussi clair que l'eau.

79. — Les conjurés feront plutôt défaut que les nobles.

80. — Rien n'est plus mauvais pour un parent qu'un autre parent.

81. — L'enfant mort, le rôle du parrain est terminé.

82. — Il ne faut aller dans la maison d'un ami qu'avec circonspection.

83. — Tous ceux qui vous sourient ne sont pas vos amis.

84. — Mieux vaut un nouvel ami avec une vieille figure, qu'un ancien ami avec un nouveau visage.

85. — Dans la bonne fortune il ne faut jamais aller voir son ami sans y être invité, et dans la mauvaise il faut y aller sans en être prié.

86. — Le feu est la pierre de touche de l'or, la détresse, la pierre de touche de l'amitié.

87. — C'est dans le malheur que l'on reconnait son véritable ami.

88. — Mieux vaut une bonne voisine qu'une sœur éloignée.

89. — La paix n'est pas plus durable que le désire notre voisin.

90. — Enfants égaux jouent mieux ensemble.

91. — Jamais un corbeau ne crèvera de son bec l'œil d'un autre corbeau.

92. — Le meilleur repas est celui où l'on est bien accueilli.

93. — Quand il y a une place dans le cœur, il y en a une aussi auprès du foyer.

94. — La prière du maître est un ordre.

95. — Au-dessus de l'ordre du maître est l'ordre de Dieu.

96. — Honneur à celui qui mérite d'être honoré.

97. — Mieux vaut se tourner vers la tête que vers la queue.

98. — Les grands seigneurs font longtemps attendre.

99. — Les grands seigneurs ont les bras longs, mais ils n'atteignent pas le ciel.

100. — Tous les moineaux périraient si le chat avait des ailes.

101. — Ce qui fait le jeu du chat est la mort pour la souris.

102. — Il faut bien des souris pour mordre un chat.

103. — C'est sur le sommet que le vent souffle le plus fort.

104. — La tempête abat les grands arbres et épargne les petits.

105. — Quand la pluie tombe sur le prêtre, le sacristain reçoit aussi des gouttes d'eau.

106. — Celui qui veut manger des cerises avec les seigneurs reçoit des noyaux dans les yeux.

107. — Cordonnier demeure auprès de ton embauchoir.

108. — Faites couver des œufs de vanneaux, il n'en sortira jamais des aigles.

109. — Tous voudraient bien être seigneurs, mais aucun ne voudrait en avoir les charges.

110. — Quand le seigneur se blesse le pied, tous les valets boitent.

111. — Veux-tu avoir un serviteur fidèle, sers-toi toi-même.

112. — Tel est le seigneur, tels sont ses serviteurs.

113. — Un œil est un meilleur témoin que deux oreilles.

114. — On ne peut bien servir tout le monde.

115. — Il faut nourrir mais non engraisser ses serviteurs.

116. — C'est le cheval qui expie quand le cocher est en colère.

117 — Quand les cuisiniers sont nombreux, trop salés sont les choux.

118. — Si le cuisinier se met en colère, les choux sont trop gras.

119. — Il est rare de trouver un chat fidèle devant le lait.

120. — Si le vilain grandit, le noble disparaît.

121. — L'orgueil précède la chute.

122. — Les épis vides se dressent vers le ciel, tandis que les pleins se courbent vers la terre.

123. — Dieu saura bien ébrancher l'arbre avant qu'il touche le ciel de sa tête.

124. — Le papillon oublie bien souvent qu'il a été chenille.

125. — La mouche n'est pas dame de la cour, et cependant elle mange dans l'assiette du roi.

126. — Quand le rat est au moulin, il se croit le meunier.

127. — C'est quand le soleil brille sur lui que le fumier pue davantage.

128. — Mettez un mendiant sur un cheval, et tout de suite il prendra le trot.

129. — Quand il arrive au pouvoir, personne n'est pire au malheureux que le gueux.

130. — Obtenir une chose par la prière, c'est l'acheter plus cher qu'avec de l'or.

131. — Toute eau va à l'océan et tout or à la bourse du riche.

132. — L'argent est une bonne marchandise qui est de mode l'été comme l'hiver.

133. — Es-tu courbé par l'âge ou paralysé, avec de l'or tu accompliras tout de même ta route.

134. — L'argent est plus éloquent que douze députés.

135. — Souvent c'est avec une clef d'argent qu'on ouvre une porte de fer.

136. — Une clef d'or ouvre toute les portes, mais non celle du Ciel.

137. — La richesse passe, mais la vertu reste.

138. — On ne pleure pas la richesse quand on n'a jamais possédé d'or.

139. — Il est deux fois pauvre celui qui a été riche.

140. — Il est vite dévêtu celui qui ne possède qu'un vêtement.

141. — La besace vide est la plus lourde.

142. — Ce qu'on dissimule le plus difficilement, c'est l'amour et la pauvreté.

143. — Le droit du pauvre se perd souvent dans la cendre.

144. — Les petits voleurs sont pendus mais on laisse échapper les grands.

145. — Souvenirs d'enfance sont de longue durée

146. — Assurément le pauvre n'est pas un seigneur, mais ce n'est pas non plus un chien.

147. — *Quand le malheur monte aux genoux du riche*, il va jusqu'au cou du pauvre.

148. — Le pauvre demande du pain et le riche l'appétit.

149. — Les enfants sont la fortune du pauvre.

150. — La misère brise les lois.

151. — La misère apprend à filer à femme nue.

152. — La misère rend industrieux.

153. — Plus on est misérable, plus on s'approche de Dieu.

154. — Il faut posséder beaucoup pour avoir assez, et plus encore pour avoir trop.

155. — Il faut avoir des fortes épaules pour supporter les jours heureux.

156. — Il a toujours assez celui qui est satisfait.

157.— Le mieux est désirable, *mais le bon doit être reconnu bon.*

158. — Un arbre courbé fournira aussi bon charbon qu'un arbre droit.

159. — La bière claire vaut mieux que le tonneau vide.

160. — Faute de rossignols on se contente de hiboux.

161. — Petit feu chauffe, grand feu brûle.

162. — Mieux vaut paysan debout que seigneur tombé.

163. — Dieu fait le dos selon le fardeau.

164. — Dieu rend le vent doux pour l'agneau tondu.

165. — La poule aveugle trouve aussi son grain.

166. — Dans les greniers de Dieu il y a d'amples moissons.

167. — A chaque bouche que Dieu crée, il fait un fruit pour la nourrir.

168. — Nourriture inaccoutumée semble toujours la meilleure.

169. — Dans un estomac sain, la faim est comme une épée tranchante.

170. — La crèche vide, les chevaux se mordent.

171. — L'ivresse rend sincère.

172. — Ceux qui se noient dans le vin sont plus nombreux que ceux qui se noient dans l'eau.

173. — Les enfants et les ivrognes disent la vérité.

174. — Quand la bière pénètre en nous l'intelligence en sort.

175. — L'estomac de l'enfant est aveugle.

176. — Autant de têtes autant d'humeurs.

177. — Celui qui *désire* tout ce qu'il voit, doit pleurer quand les autres rient.

178. — L'égoïste n'est utile à personne.

179. — Le corbeau crie toujours son propre nom.

180. — Chevaux empruntés et éperons neufs font les lieues courtes.

181. — On vole dans toutes les professions.

182. — Larmes d'héritiers sont presque des rires.

183. — On coupe facilement un large cuir dans le dos du prochain.

184. — Légers sont les fardeaux portés par d'autres.

185. — Si l'envie donnait la fièvre, tout le monde serait malade.

186. — Les blés du prochain sont toujours les plus beaux.

187. — Le mendiant voit avec peine deux besaces sur le dos d'un autre.

188. — Comme il ne sait pas nager, le héron déteste l'eau.

189. — Le cheval qu'on ne peut avoir a toujours mille défauts.

190. — La ruse est étrangère à l'honneur.

191. — L'âme d'un loup se dissimule souvent sous la laine d'un mouton.

192. — Les uns fondent les balles, mais ce sont d'autres qui les tirent.

193. — Le renard change de peau mais non pas de caractère.

194. — Là ou passe la couleuvre la tête la première, la queue suit.

195. — Il est imprudent de laisser les renards garder les oies.

196. — Bien que le renard soit rusé, on vend plus de peaux de renards que de peaux d'ânes.

197. — Enseigne au loup le *pater-noster*, il répétera quand même : « Agneau, agneau ! »

198. — Quand le diable devient malade, il se fait moine.

199. — L'honnêteté est ce qu'il y a de plus solide, car on l'use peu.

200. — La fausseté dore bien ses mots.

201. — D'aimables paroles sont agréables aux imbéciles.

202. — Le corbeau aura beau se laver, il ne deviendra jamais blanc.

203. — Trompeuse est l'apparence.

204. — Si on jugeait les gens à la barbe, le bouc pourrait prêcher.

205. — Tout or ne brille pas.

206. — L'honneur c'est le plus bel arbre de la forêt.

207. — Mars sec, avril humide, mai froid remplissent le grenier du paysan.

208. — On voit de loin l'endroit où est entré l'honneur.

209. — Aucun vêtement ne saurait dissimuler la honte.

210. — Plus on remue la boue, plus elle empeste.

211. — Aucun tison ne fume sans avoir été allumé.

212. — Nul homme n'est arrêté là où il n'a point coutume d'aller.

213. — La réputation pénètre dans une ville avant l'homme qui la possède.

214. — Il n'est pas charitable de cracher du miel devant celui dont la bouche est pleine de bile.

215. — Ne sois pas assez méchant pour mordre les oies, ni assez doux pour qu'elles te mordent.

216. — Jamais femme ne fut assez vieille pour ne point sauter si le feu la brûle.

217. — Tu perds ta colère si personne n'en prend souci.

218. — Il faut être bien pur pour blâmer les autres.

219. — N'invoque pas le diable, il viendra bien sans être invité.

220. — La canaille se dispute et la canaille se réconcilie.

221. — Quand la canaille se bat, les honnêtes gens triomphent.

222. — La querelle pour *le mien* ou *le tien* perd beaucoup *du sien.*

223. — Mieux vaut faible accord que grosse querelle.

224. — Jamais blessure ne guérit si bien que la cicatrice ne soit visible.

225. — Les êtres doux ont toujours le plus de peine.

226. — Le doux zéphyr conduit aussi le bateau au port.

227. — C'est la fin de bien des maux que de savoir les supporter et les taire.

228. — Hélas ! il faut marcher sur la terre, fût-elle rougie par le feu.

229. — Le plus sage est celui qui sait céder.

230. — On avale la pilule, on ne la mâche pas.

231. — Celui qui veut jouir de la paix ne doit pas chercher à la rompre.

232. — On doit tout faire pour avoir la paix chez soi.

233. — Un rayon de soleil fait pousser plus d'herbe que dix giboulées.

234. — On attrape plus de mouches avec une bouchée de miel qu'avec un tonneau de vinaigre

235. — Les maîtres sévères ne commandent pas longtemps.

236. — Deux pierres dures ne moudront pas bien ensemble.
237. — *Vouloir* n'est point justice.
238. — Celui qui est sévère au dehors est souvent bien petit garçon à la maison.
239. — Un méchant chat est souvent égratigné.
240. — De consolantes paroles valent plus que l'or.
241. — Une consolante parole n'est jamais perdue.
242. — La bonne parole d'un ami guérit une blessure.
243. — Lorsque Dieu édifie une église, à côté le diable construit une chapelle.
244. — Dis-moi quel est ton ami et je te dirai ce que tu vaux.
245. — Un mouton galeux empeste un troupeau.
246. — Donne un doigt au diable, il prendra la main.
247. — Ce qui est fait ne se refait pas.
248. — L'action une fois accomplie, qu'importent les vœux !
249. — Fais toi-même pour bien faire.
250. — Ce qu'on fait soi-même ne salit pas les mains.
251. — Si nous agissions selon notre devoir, Dieu ferait selon notre désir.
252. — Sur le dos nous portons souvent le poids d'une action qui ne pèse point sur notre conscience.
253. — Quant on tape sur les chiens, c'est celui qui hurle qui a reçu le coup.
254. — On paye souvent un courte joie par de longs regrets.
255. — Il est agréable de boire et pénible de payer.
256. — Ce que l'on obtient par une faute ne se perd pas sans causer de la douleur.
257. — Le temps donné à la prière n'attarde pas le voyageur.
258. — Il y a un temple dans chaque cœur.
259. — La prière monte et la grâce descend.
260. — Plus grande est l'intelligence, plus court est le discours.
261. — Ce qui remplit notre cœur sort par notre bouche.
262. — Il est plus facile de se tromper en parlant qu'en se taisant.
263. — C'est une mauvaise nourriture que de manger (renier) sa propre parole.
264. — Aussitôt qu'on s'entend parler, il faut se taire.
265. — Souvent les mots font plus de mal que les coups.
266. — La plume blesse souvent plus que l'épée.
267. — Chaque oiseau chante à sa manière.
268. — Le silence est souvent plus éloquent qu'un long discours.
269. — Ne pas répondre, c'est encore répondre.

270. — La pensée ne paye pas de douane.
271. — Se taire et penser ne blesse personne.
272. — Celui qui se tait consent.
273. — Celui qui sait commander à sa langue évite les querelles.
274. — La parole vaut de l'argent et le silence de l'or.
275. — Pierre lancée et parole prononcée ne sont plus à nous.
276. — C'est chose incertaine que ce que nous possédons dans le cœur du prochain.
277. — Poule qui chante perd ses œufs.
278. — Les voitures vides sont celles qui font le plus de bruit.
279. — L'eau dormante a un lit profond.
280. — Si *à peu près* n'existait pas, une vieille femme aurait mordu un loup.
281. — Promesse de Danois est une dette.
282. — Promettre est facile, mais tenir est difficile.
283. — Parole d'homme, honneur d'homme.
284. — Une parole est une parole et un homme est un homme.
285. — Les paroles sont bonnes.... si nous avons de l'argent nous aurons des souliers.
286. — Les serments et les œufs se brisent aisément.
287. — Souvent le feu incendie la maison de celui qui se rit des autres.
288. — Celui-là qui se moque des autres se moque de lui-même.
289. — Il faut de larges bras pour fermer toutes les bouches.
290. — Répéter les « on dit » c'est mentir à demi.
291. — Lorsque le mensonge et la vérité se rencontrent, c'en est fait du mensonge.
292. — Le chuchotement est un demi mensonge.
293. — Le mensonge ne paye pas à l'octroi, c'est pourquoi il se promène de ville en ville.
294. — Si l'on mentait en latin, il y aurait beaucoup de savants.
295. — Si chaque mensonge cassait une dent, il y aurait beaucoup d'édentés.
296. — Celui ment facilement qui arrive de loin.
297. — Deux hommes peuvent si bien mentir qu'ils feront pendre le troisième.
298 — On enferme un voleur, mais on laisse libre le menteur.
299. — Fais-moi voir un menteur et je te montrerai un voleur.
300. — Celui-là porte toujours le nom de voleur qui une fois a volé.
301. — Un voleur pense que chacun vole.

302. — Le recéleur vaut le voleur.

303. — Ce que l'on commence avec l'aide de Dieu c'est ce que l'on fait le mieux.

304. — Personne n'est né maître en sa profession.

305. — Elle est à demi finie la chose bien commencée.

306. — C'est le premier pas qui coûte.

307. — On ne doit blâmer ni louer l'ouvrage à demi fait.

308. — L'œuvre accomplie chante la louange de l'ouvrier.

309. — Qui ne risque rien ne gagne rien.

310. — Chose courageusement entreprise est à demie gagnée.

311 — L'à peu près ne tue point de lièvre

312. — Un chat a droit de regarder un roi.

313. — Courageuse est la souris qui fait son nid dans l'oreille d'un chat.

314. — Les enfants du forgeron ne craignent pas les étincelles.

315. — La crainte est d'autant plus grande que le malheur est plus voisin.

316. — La peur rend indécis.

317. — Celui qui se fait mouton sera mordu par le loup.

318. — Le chien peureux est celui qui aboie le plus.

319. — Celui-là est peureux qui a peur de trembler.

320. -- La peur du gibet a sauvé bien des hommes.

321. — Mieux vaut mourir une bonne fois que de vivre toujours dans la crainte.

322. — Le cheval qui laboure un champ d'avoine est souvent celui qui en reçoit le moins.

323. — Dieu fournit la nourriture aux oiseaux, mais il ne la jette point dans leurs nids.

324. — Il est bon que l'homme reçoive une charge, mais il est meilleur que la charge reçoive un homme.

325. — Celui qui veut manger l'amande doit casser la coquille.

326. — Quand la fin est bonne, tout est bon.

327. — Celui qui mange lentement travaille aussi avec lenteur.

328. — Celui qui entre dans le moulin se couvre de poussière.

329. — Les heures sont d'égale longueur mais pas d'égale utilité.

330. — Celui-là aura son blé le premier qui arrive le premier au moulin.

331. — L'aurore porte de l'or dans sa bouche.

332. — Forge le fer pendant qu'il brûle.

333. — Profite du soleil pendant qu'il luit,

334. — Il ne faut pas cesser de semer parce que les oiseaux auront mangé quelques grains.

335. — Le premier coup de hache ne fait pas tomber l'arbre.

336. — Le temps est un expédient.

337. — Avec de la bonne volonté tu porteras jusqu'à la ville une lourde charge.

338. — Dieu te secourera si tu sais t'aider.

339. — Beaucoup au conseil, peu à l'action.

340. — Ne méprise jamais le conseil d'un humble.

341. — Sur l'oreiller sont les meilleurs conseils.

342. — Le paresseux et le négligent sont indignes de vivre.

343. — L'indolence est l'oreiller de Satan.

344. — Le chat aime bien les poissons, mais il ne veut pas se mouiller la patte.

345. — Tailleur debout et forgeron assis ne valent pas grand' chose.

346.— Dieu montre sa colère à celui qui ne veut point porter son fardeau.

347. —Le lit chaud et l'enfant paresseux se séparent difficilement.

348. — Homme qui dort ne remporte pas de victoire, et homme couché ne saisit pas le bonheur.

349. — L'eau coule pendant que le meunier dort.

350. — Quand on ne peut sauter dessus, il faut ramper dessous.

351. — On préfère traverser la haie là où elle est la moins haute.

352. — Il ne faut point toucher la pierre que l'on ne peut soulever.

353. — Ne jette point l'eau sale avant d'avoir l'eau propre.

354. — N'active point le feu qui brûle seul.

355. — Si la route est dangereuse avance avec prudence.

356. — Quand un anneau est brisé, la chaîne n'existe plus.

357. — Mieux vaut fuir que mal combattre.

358. — Faire vite c'est mal faire.

359. — Rome ne fût pas construite en un jour.

360. — Quand l'eau entre en notre bouche il est trop tard pour apprendre à nager.

361. — L'attente et l'espérance font beaucoup d'imbéciles.

362. — La bière claire vient à la fin.

363. — C'est trop tard fermer le puits quand l'enfant est noyé.

364. — Quant tu est devant le juge il est trop tard pour pleurer.

365. — Il est bon d'user de tout avec modération.

366. — Trop et trop peu gâtent tout.

367. — Lorsque le saucisson est trop long on y remède facilement.

368. — C'est quand le jeu va le mieux qu'il faut s'en aller.

369. — Il faut être bien fin pour reconnaître son beurre dans les choux du prochain.

370. — Ne fais pas marché de la peau de l'animal avant de l'avoir tué.

371. — N'incendie pas ta maison avant la venue de l'ennemi.

372. — N'ôtes-pas ton chapeau avant l'arrivée de l'homme.

373. — On ne coupe pas une tête parce qu'elle est sale.

374. — Il ne faut pas employer un remède unique pour toutes les maladies.

375. — Chauffe le fer pour le courber plus facilement.

376. — Il faut respecter les usages d'un pays ou le quitter.

377. — Gueule avec les fauves avec lesquels tu es enfermé.

378. — Crie dans la forêt et l'écho te répondra exactement.

379. — On dort dans son lit selon la façon dont on l'a fait.

380. — Les poules sages caquent aussi quelquefois parmi les orties.

381. — L'anguille glisse entre les mains du plus habile pêcheur

382. — On garde mal un saucisson dans la niche d'un chien.

383. — Dieu protège les fous.

384. — Un imbécile se croit toujours intelligent.

385. — Un imbécile peut poser assez de questions pour que dix sages n'y puissent répondre.

386. — Un âne est gris dès le ventre de sa mère mais il ne devient pas plus sage pour cela.

387. — Un âne ne devient pas lettré pour avoir porté beaucoup de livres.

388. — Quant un imbécile vient au marché le marchand s'enrichit.

389. — Les imbéciles donnent l'argent et reçoivent les coups.

390. — Un imbécile et son argent ne vont pas longtemps de compagnie.

391. — Epargne le couvercle le fond s'épargne lui-même.

392. — L'on ne perd pas un écu lorsqu'il nous évite d'en dépenser deux.

393. — Ne tue pas plus qu'il est utile, autrement tu auras de mauvaise viande.

394. — Prends du miel mais laisse en un peu aux abeilles.

395. — Les miettes sont encore du pain.

396. — Mieux vaut un œuf aujourd'hui qu'une poule demain.

397. — Mieux vaut un oiseau dans la *main* que dix sur le toit.

398. — L'avare est mauvais pour tous, mais pire pour lui-même.

399. — Le pauvre manque de beaucoup de choses, mais l'avare manque de tout.

400. L'homme bon devient riche en donnant et l'avare pauvre en recevant.

401. — Celui qui conserve quelque chose pour la nuit, le garde pour le chat.

402. — Beaucoup n'auront pas assez de terre avant d'en avoir la bouche pleine.

403. — Le prodigue succède à l'avare.

404. — Il est indifférent que la vache ait beaucoup de lait si elle le perd.

405. — *Dieu chérit celui* qui donne de grand cœur.

406. — C'est celui qui a le moins qui donne toujours le plus.

407. — Celui qui vous vient en aide aussitôt vous aide doublement.

408. — Beaucoup de filets d'eau font un cours d'eau.

409. — Une main lave l'autre.

410. — Quand le besoin est extrême le secours est proche.

411. — Quand on prête à un ami l'on réclame à un ennemi.

412. — Celui qui paye ses dettes augmente son bien.

413. — A la foire ouvre l'œil ou la bourse.

414. — N'achète pas le chat dans un sac.

415. — Si l'on dort en achetant il faut ouvrir l'œil quand on paye.

416. — Échange fait rarement gagner.

417. — Cela n'est pas cher de prendre dans les poches des autres.

418. — Il faut casser des œufs pour en faire un gâteau.

419. — Bonheur vaut mieux que noblesse.

420. — Dieu distribue le bonheur selon sa volonté.

421. — Chacun est l'artisan de son bonheur.

422. — Le bonheur n'est le lot de personne.

423. — Le bonheur et les verres se brisent facilement.

424. — La fortune vient à la porte et demande si l'intelligence habite la maison.

425. — La fortune est souvent plus grande que l'intelligence.

426. — Pire est le coquin plus grande est sa fortune.

427. — Si le char de la fortune roule bien la boue et l'envie couvrent les roues.

428. — Pour beaucoup la fortune est grande, malgré cela elle n'est assez grande pour personne.

429. — La mort de l'un est le pain de l'autre.

430. — Les cheveux gris sont les fleurs de la mort.

431. — Rien de nouveau c'est une bonne nouvelle.

432. — C'est le soir seulement qu'il faut se réjouir de ce que la journée a été bonne.

433. — Sourire le matin se change souvent en larmes le soir.

434. — Plaisante modérément car il est nécessaire d'être sérieux.

435. — Cœur joyeux soupire rarement, mais bouche triste sourit souvent.

436. — Le rire de la vieille femme s'achève ordinairement dans une toux.

437. — Celui qui rit le dernier rit le mieux.

438. — Quand la joie est dans la chambre le chagrin attend dans l'antichambre.

439. — Chagrin dissimulé lourd à porter.

440. — Qui porte le soulier sait bien où il gène,

441. — Les petites peines sont bruyantes et les grands chagrins muets.

442. — N'éveillez pas chagrin qui dort.

443. — Quand on pleure avec le cœur les larmes sont sincères.

444. — Petite pluie empêche souvent grande tempête.

445. — La nourriture qu'on prend en pleurant n'est pas bonne.

446. — Le temps marche et n'est pas comme un cheval attaché à la crèche.

447. — Le temps va vite et nous devons le suivre.

448. — Un jour juge l'autre et le dernier les juge tous.

449. — Tout a une fin sauf le saucisson qui en a deux.

450. — Petit fardeau pèse lourdement quand on le porte longuement.

451. — Aujourd'hui la vie, demain la mort.

452. — Or aujourd'hui, terre demain.

453. — La rose se transforme vite en gratte-cul.

454. — Il faut que la montagne soit bien élevée pour que d'en haut on puisse distinguer son destin.

455. — Un sou ne devient jamais un écu.

456. — L'oie se promène si souvent dans la cuisine, qu'elle finit par rester à la broche.

457. — Chaque jour est jour de chasse, mais on n'atteint pas le gibier chaque jour.

458. — Souvent enfant riche est sur les genoux de femme pauvre.
459. — Souvent oiseau noir sort d'œuf blanc.
460. — Souvent le marcassin expie les méfaits du sanglier.
461. — Celui que Dieu garde est hors de danger.
462. — Tout le monde est de même force sur la glace glissante.
463. — Le feu ne s'inquiète pas à qui est le manteau qui brûle.
464. — L'ortie pique aussi bien l'ami que l'ennemi.
465. — La voiture où la même les chevaux.
466. — Les épines ne quittent pas la rose.
467. — Pas de blé sans balles.
468. — Si petit que soit le cheveu il a son ombre.
469. — Petit accident de terrain peut renverser lourde voiture.
470. — Petite étincelle allume souvent grand feu.
471. — Un malheur n'arrive jamais seul.
472. — Un malheur ne visite jamais seul une maison.
473. — Beaucoup de chiens causent la mort du lièvre.
474. — Le dommage nous fait sage mais non riche.
475. — Enfant brûlé craint le feu.
476. — Le malheur et la moquerie vont souvent de compagnie.
477. — C'est une faible consolation pour celui qui s'est cassé la jambe qu'un autre s'est cassé le cou.
478. — Ce n'est pas chose heureuse pour le bœuf que d'être conduit en voiture.
479. — La maladie vient vite et s'en va lentement.
480. — La maladie est la maîtresse de chacun.
481. — Celui qui prend le plus de soins contre une épidémie est celui qui est frappé le plus facilement.
482. — L'homme bien portant manque de beaucoup de choses
483. — La mort n'entend pas celui qui dit *non*.
484. — Chacun doit une mort à Dieu.
485. — La mort a toujours une raison.
486. — Le clairon ne sonne pas d'avance l'heure de la mort.
487. — Les jeunes peuvent mourir, mais les vieux doivent mourir.
488. — Commencez par les dames, disait le matelot, alors qu'on devait jeter quelques personnes à la mer.
489. — Les cormes sont bien aigres, disait le renard, qui ne pouvait pas les attrapper.
490. — Nous passerons tous par là, disait une commère, en voyant son fils conduit au gibet.
491. — On invente tous les jours quelque chose de neuf, disait l'enfant auquel on enseignait à lire.

492. — J'ai une belle ancre dans mon grenier, disait le capitaine au moment du naufrage.

493. — On ne commencera pas avant mon arrivée, disait le voleur, qu'on menait pendre.

494. — C'est sur la quantité que je m'attraperais, disait le marchand qui vendait deux sous moins cher qu'il n'avait acheté.

495. — C'est sur nos amis que nous devons gagner, disait le marchand, puisque nos ennemis ne viennent pas chez nous.

496. — Cela me reviendra, disait l'homme, qui donnait du lard à son cochon.

497. — Cela aura toujours le goût d'oiseau, disait une commère, qui faisait la soupe avec une branche où s'était assis un pie.

498. — Cela s'élargira avec le temps, disait un tailleur, qui avait mis les manches à l'endroit des poches.

499. — Tu peux bien chanter, disait le paysan à l'alouette, toi tu ne payes pas d'impôt.

500. — Il me faut croire sur parole, disait un homme, car le diable n'emporte, je ne jure jamais.

501. — La vertu est au milieu, disait le diable, et il resta entre deux avocats.

502. — Un œuf est un œuf, disait l'homme qui avait choisi le plus gros.

503. — Remercions Dieu que ça ne soit pas ma vache, disait la femme dont le mari venait de mourir.

504. — Que Dieu nous aide tous les treize, disait le petit qui venait de tomber avec ses douze pots.

505. — Dieu soit loué que je ne sois pas mêlé à tout cela, disait le maître d'école. Les enfants se battaient.

506. — Dur contre dur, disait la vieille femme en s'asseyant sur une pierre.

507. — Puisque tu as mangé le hareng, tu mangeras aussi la moutarde, disait l'enfant à son chat.

508. — Comment Monsieur trouve-t-il les crochets, disait le tailleur, qui ne savait pas faire des boutonnières.

409. — Comment *vas*-tu, disait l'aveugle au boiteux. Comme tu *vois*, répondit le boiteux à l'aveugle.

510. — Je ne suis pas de cette commune, répondait l'homme, quand on lui demanda, pourquoi il n'avait pas pleuré pendant le beau sermon.

511. — Je vous répondrais, je bois Majesté, dit l'homme au roi, qui lui demanda pourquoi il sollicitait une augmentation de pension.

512. — Je vous ferai bien voir, que je suis maître chez moi disait l'homme caché sous la table et qui n'osait sortir malgré les inculpations de sa femme.

513. — Je punis ma femme avec de bonnes paroles, disait l'homme en jetant la Bible à la tête de son épouse.

514. — Je crains d'être obligé de demeurer quelque temps ici, disait un renard pris au piège.

515. — Je sais que je me suis conduit de façon telle que je pourrais revenir ici, disait l'homme qui sortait du bagne.

516. — On peut avoir trop même des meilleures choses, disait le paysan qui venait de recevoir sur lui la voiture chargée de fumier.

517. — Mon cœur t'appartient, disait la tête de choux à la cuisinière.

518. — Si nous ne nous revoyons pas avant, nous nous trouverons toujours chez le tanneur, disait le renard à un camarade.

519. — Quant cela vient, cela vient bien, disait le tailleur qui n'avait qu'une paire de pantalons à réparer le soir de Noël.

520. — A présent je me sens plus léger, disait l'homme qui avait fait faillite.

521. — A présent nous voici au point principal, dit le prêtre, et il s'arrêta net dans son discours.

522. — Il me faut pleurer à présent, disait l'Allemand, et il éclata de rire.

523. — A présent tout chagrin est fini, disait l'enfant dont la maîtresse d'école venait de mourir.

524. — Si Dieu le veut, disait un homme, qui n'avait pas encore demandé la permission à sa femme.

525. — La propriété est une belle chose, disait la vieille femme, et elle retourna sa chemise au nouvel an.

526. — Si tu me touches, disait le tambour, toute la compagnie le saura.

527. — C'est comme ça qu'il faut les traiter une fois par an, disait l'homme en parlant des souris. Et il brûla sa maison.

528. — Prends garde de te couper les doigts, disait-on au marchand qui coupait le drap trop près.

529. — Si tu ne veux pas que je te fasse mal, enlève ton pied de là, disait le coq au cheval.

530. — Sans me flatter moi-même, disait l'Allemand ; et il se vantait.

531. — Bien tiré disait l'homme. La balle avait cassé sa jambe de bois.

532. — Tais-toi quand tu parles avec moi, disait le père à l'enfant, qui lui répondait.

533. — Que Dieu me préserve de médire, disait la vieille femme, qui avait achevé de conter ce qu'elle savait.

534. — Il est bon de prêter à Dieu et aux champs, tous deux fournissent de bonnes rentes.

535. — Il est bon de remplir sa tire-lire à la cuisine et de la vider à l'étable.

536. — Grasse cuisine fait maigre testament.

537. — Le meilleur fumier tombe des souliers du paysan.

538. — L'œil du maître fait plus que ses deux mains.

539. — Le champ est l'épouse du propriétaire et la concubine du fermier.

540. — C'est le fumier qui met le gâteau sur la table.

541. — Celui-là aura faim toute l'année qui dort pendant le printemps et l'automne.

542. — Les bons soins sont la moitié de la nourriture d'un cheval.

VICOMTE DE COLLEVILLE ET FRITZ DE ZEPELIN.

Laval. — Imp. et stér. E. JAMIN, 8, rue Ricordaine.

www.ingramcontent.com/pod-product-compliance
Ingram Content Group UK Ltd.
Pitfield, Milton Keynes, MK11 3LW, UK
UKHW020539230726
13925UKWH00006B/2381

9 782013 537186